CONOCE LA HISTORIA DE ESTADOS UNIDOS

LA REVOLUCIÓN INDUSTRIAL

SETH LYNCH
TRADUCIDO POR ESTHER SARFATTI

Gareth Stevens
PUBLISHING

ENCONTEXTO

Please visit our website, www.garethstevens.com. For a free color catalog of all our high-quality books, call toll free 1-800-542-2595 or fax 1-877-542-2596.

Cataloging-in-Publication Data

Names: Lynch, Seth.
Title: La Revolución Industrial / Seth Lynch.
Description: New York : Gareth Stevens Publishing, 2019. | Series: Conoce la historia de Estados Unidos | Includes index.
Identifiers: LCCN ISBN 9781538249383 (pbk.) | ISBN 9781538249390 (library bound)
Subjects: LCSH: Industrial revolution--United States--Juvenile literature. | Industries--United States--History--Juvenile literature. | Technological innovations--Social aspects--United States--History--Juvenile literature. | United States--Economic conditions--Juvenile literature.
Classification: LCC HC105.L96 2019 | DDC 330.973'08--dc23

First Edition

Published in 2020 by
Gareth Stevens Publishing
111 East 14th Street, Suite 349
New York, NY 10003

Translator: Esther Sarfatti
Designer: Samantha DeMartin
Editor: Kristen Nelson

Photo credits: Series art Christophe BOISSON/Shutterstock.com; (feather quill) Galushko Sergey/Shutterstock.com; (parchment) mollicart-design/Shutterstock.com; cover, p. 1 MPI/Archive Photos/Getty Images; p. 5 (both) Print Collector/Hulton Archive/ Getty Images; p. 7 K-Smile love/Shutterstock.com; p. 9 (top) Bettmann/Bettmann/Getty Images; p. 9 (bottom) duncan1890/DigitalVision Vectors/Getty Images; p. 11 Dan Logan/ Shutterstock.com; pp. 13, 23, 25 (bottom), 27 (both) Everett Historical/Shutterstock.com; pp. 15, 19, 21 Universal History Archive/Universal Images Group/Getty Images; p. 17 Culture Club/Hulton Archive/Getty Images; p. 25 (map) courtesy of Library of Congress; p. 29 Michael L. Kaufman/Wikimedia Commons.

Printed in the United States of America

CPSIA compliance information: Batch #CS18GS: For further information contact Gareth Stevens, New York, New York at 1-800-542-2595.

CONTENIDO

Las palabras del glosario se muestran en **negrita** la primera vez que aparecen en el texto.

DE LAS GRANJAS A LAS FÁBRICAS

La Revolución Industrial es un período de transformación económica en la historia del mundo y en la de Estados Unidos. Los países cambiaron sus sistemas económicos basados en la agricultura para dar paso a la industria, modificando para siempre la forma de vida de mucha gente en el mundo, incluido Estados Unidos.

SI QUIERES SABER MÁS

La agricultura es el cultivo de la tierra, de donde conseguimos nuestros alimentos. La industria incluye la producción de muchos productos a la vez, sobre todo en las fábricas.

COMIENZOS EN EL EXTRANJERO

La Revolución Industrial se inició en Gran Bretaña, a mediados del siglo XVIII. Dos inventos marcaron este comienzo: la hiladora Jenny y la máquina de vapor **mejorada**. La hiladora Jenny era una máquina que usaba muchas **bobinas** de hilo al mismo tiempo. Con ella, la tela se producía con mucha más rapidez.

SI QUIERES SABER MÁS

Al principio, Gran Bretaña no quería compartir sus conocimientos de fabricación. Sabía que tenía una ventaja económica sobre los demás países.

hiladora Jenny

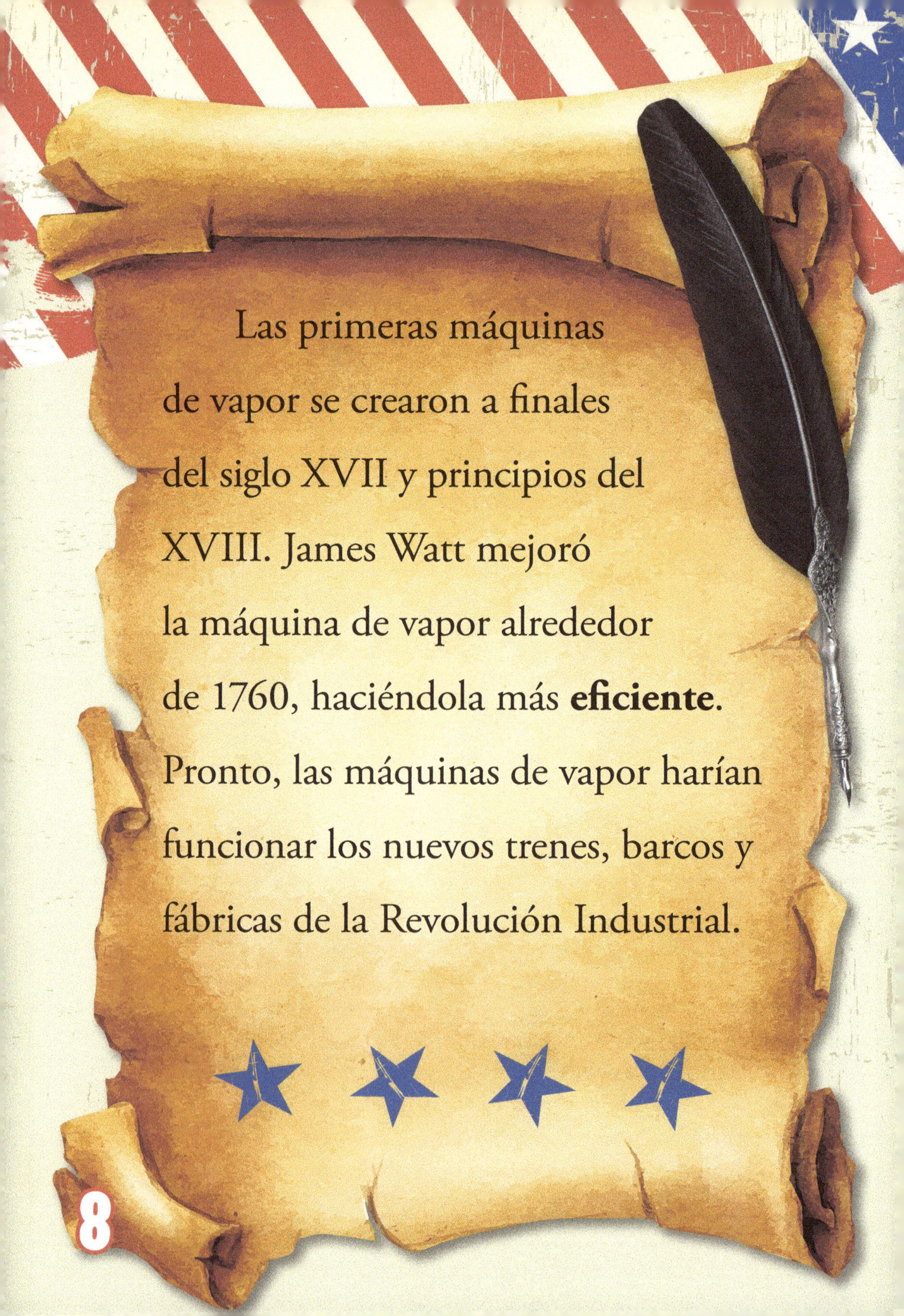

Las primeras máquinas de vapor se crearon a finales del siglo XVII y principios del XVIII. James Watt mejoró la máquina de vapor alrededor de 1760, haciéndola más **eficiente**. Pronto, las máquinas de vapor harían funcionar los nuevos trenes, barcos y fábricas de la Revolución Industrial.

SI QUIERES SABER MÁS

A principios del siglo XIX, los empresarios británicos consideraron la posibilidad de fabricar en otros países europeos. Así, llevaron la Revolución Industrial a lugares como Bélgica. ¡Con el tiempo llegaría incluso hasta Japón!

INICIOS DE LA INDUSTRIA EN ESTADOS UNIDOS

El inglés Samuel Slater dio el primer paso hacia la Revolución Industrial en Estados Unidos. Llegó a memorizar diseños de máquinas **textiles** británicas y construyó una fábrica de algodón en Rhode Island. Su fábrica, la primera en Estados Unidos, comenzó a funcionar en 1790.

SI QUIERES SABER MÁS

Como muchas fábricas estadounidenses de aquella época, la de Slater funcionaba con la fuerza que proporcionaba el agua. Al principio, se construyeron muchas fábricas al noroeste, por el fácil acceso al agua en esa zona.

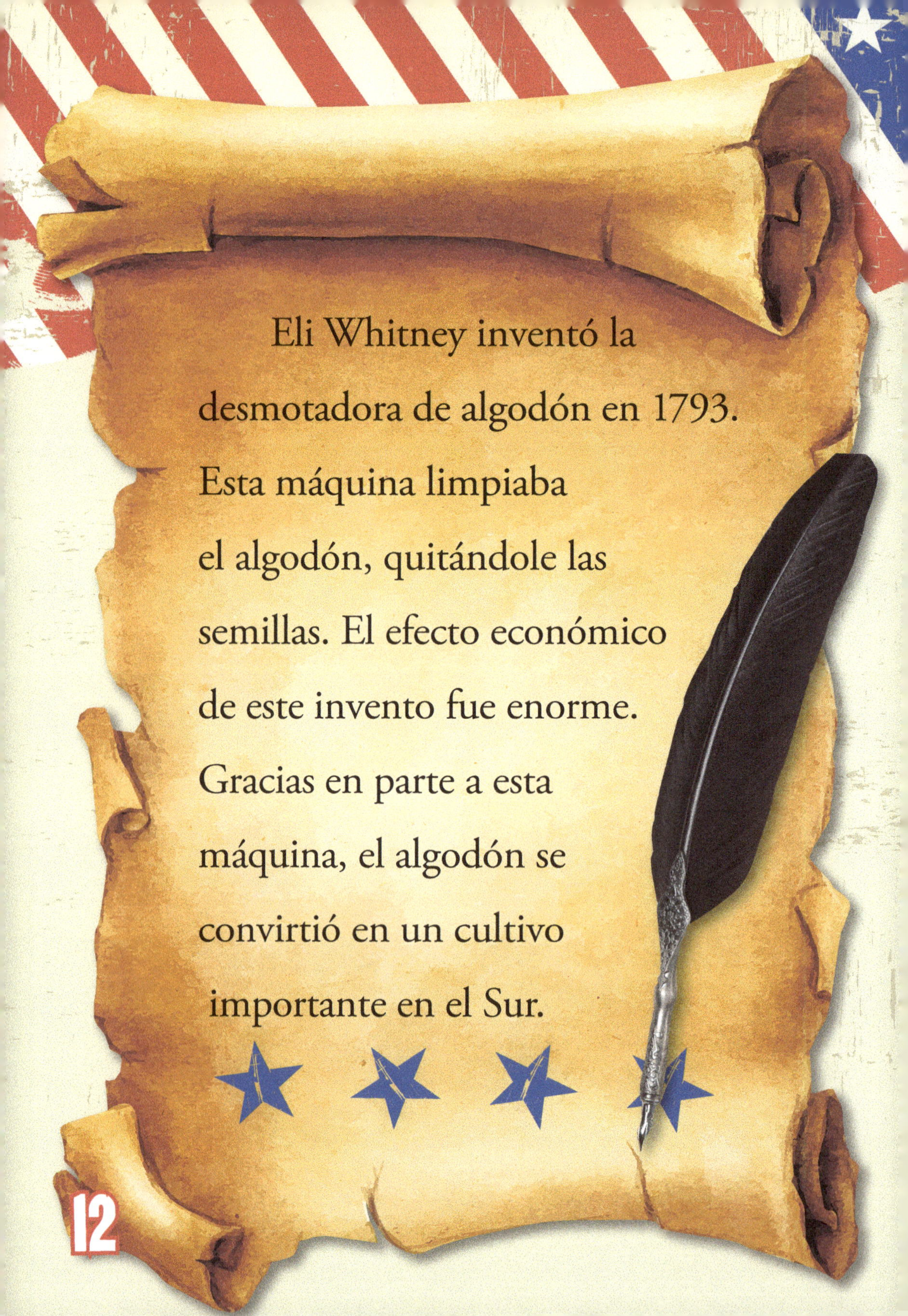

Eli Whitney inventó la desmotadora de algodón en 1793. Esta máquina limpiaba el algodón, quitándole las semillas. El efecto económico de este invento fue enorme. Gracias en parte a esta máquina, el algodón se convirtió en un cultivo importante en el Sur.

SI QUIERES SABER MÁS

Así como la **economía** algodonera iba creciendo, también aumentaba la necesidad de esclavos en el Sur.

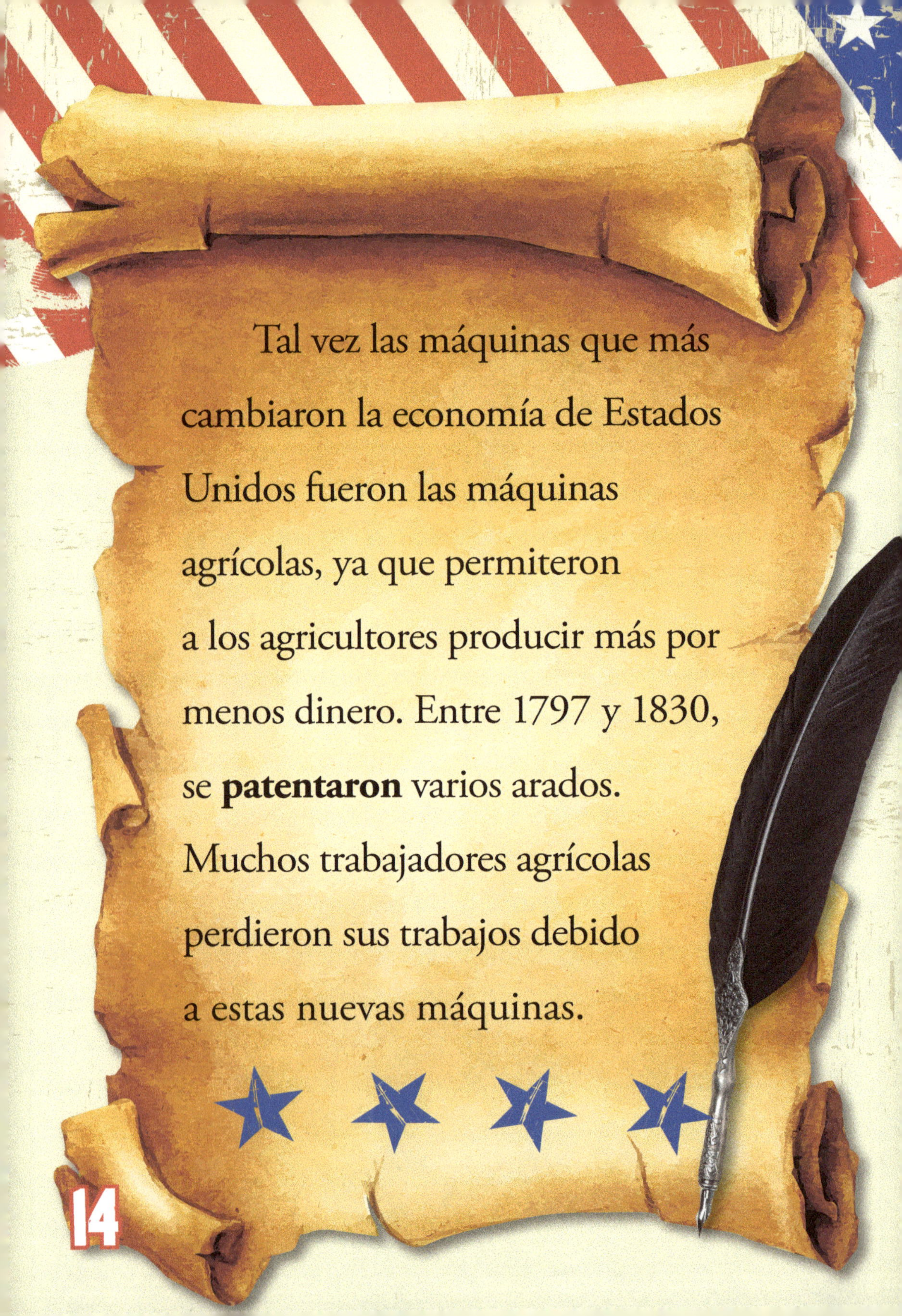

Tal vez las máquinas que más cambiaron la economía de Estados Unidos fueron las máquinas agrícolas, ya que permiteron a los agricultores producir más por menos dinero. Entre 1797 y 1830, se **patentaron** varios arados. Muchos trabajadores agrícolas perdieron sus trabajos debido a estas nuevas máquinas.

SI QUIERES SABER MÁS

Se abrieron nuevas minas por todo Estados Unidos según iba aumentando la necesidad de **recursos naturales**, como el carbón, que alimentaba la maquinaria. Algunas personas pudieron encontrar trabajo en estas minas.

EL GRAN CAMBIO

Muchos trabajadores agrícolas se trasladaron a las ciudades para buscar trabajo en las fábricas. Ciudades como Chicago, Illinois; Boston, Massachusetts; y Nueva York crecieron por esta razón. Mientras prosperaba la Revolución Industrial, millones de personas dejaban las comunidades agrícolas por los nuevos centros **urbanos**.

SI QUIERES SABER MÁS

Los trabajadores agrícolas no necesitaban destrezas especiales para trabajar en las fábricas. Aunque era más fácil encontrar trabajo, estos puestos no especializados solían ser aburridos y **repetitivos**.

CRECIMIENTO DE POSGUERRA

Las ciudades crecieron aún más después de la **guerra de Secesión**. Unos veinticinco millones de **inmigrantes** llegaron a Estados Unidos entre 1866 y 1915. Muchos venían de Europa y se quedaron en las grandes ciudades. Las nuevas industrias les ofrecían la oportunidad de trabajar y de tener una vida mejor.

SI QUIERES SABER MÁS

Venir a Estados Unidos no siempre significaba una mejora en las vidas de los inmigrantes. Con tanta gente que llegaba, pronto la población en las ciudades creció demasiado. No había viviendas adecuadas y disponibles para todos.

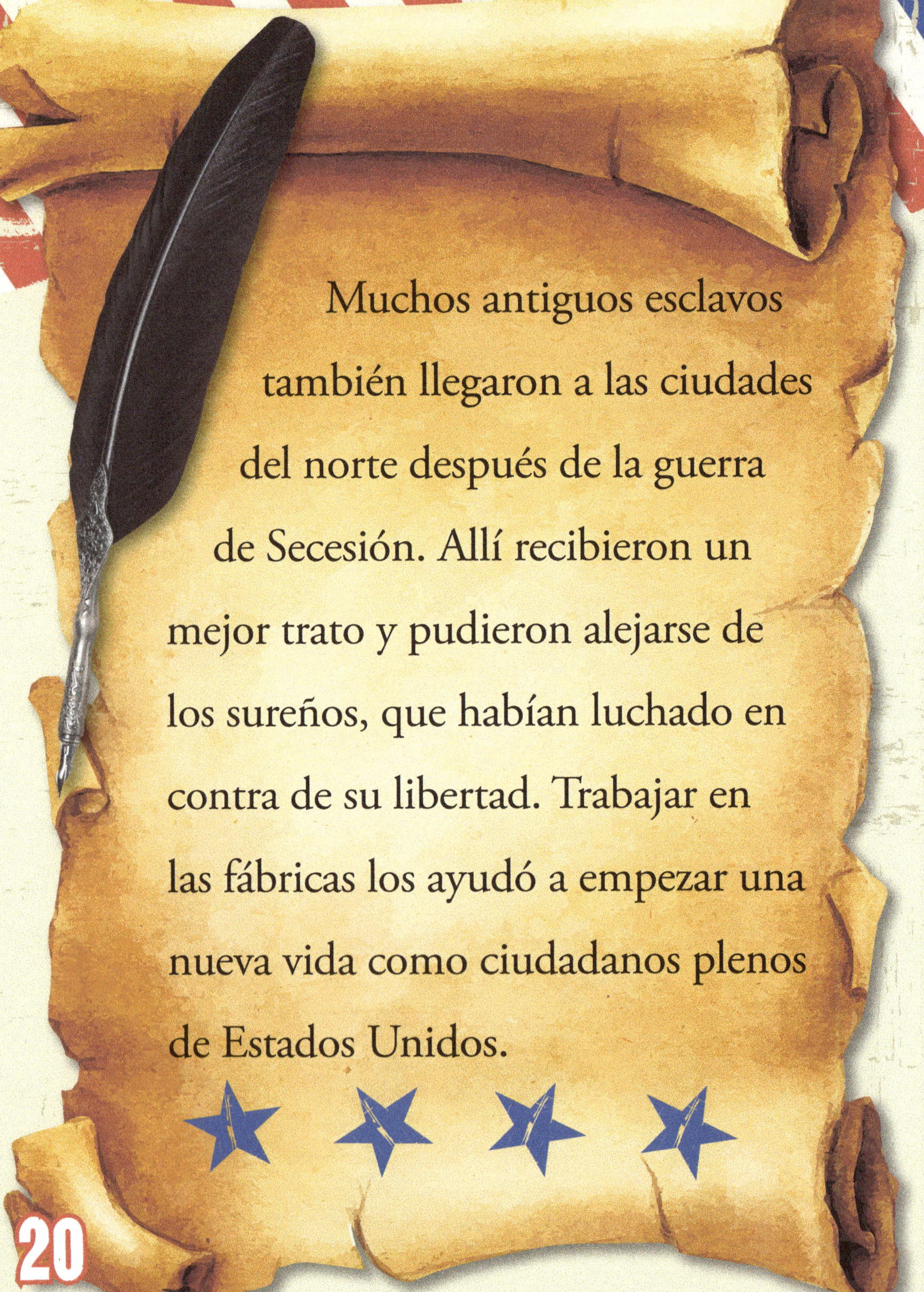

Muchos antiguos esclavos también llegaron a las ciudades del norte después de la guerra de Secesión. Allí recibieron un mejor trato y pudieron alejarse de los sureños, que habían luchado en contra de su libertad. Trabajar en las fábricas los ayudó a empezar una nueva vida como ciudadanos plenos de Estados Unidos.

SI QUIERES SABER MÁS

Los esclavos que fueron hacia las ciudades del norte en busca de trabajo no querían ser **aparceros** bajo sus antiguos dueños.

TRABAJO DURO, VIDA DIFÍCIL

En las fábricas, los trabajadores pasaban muchas horas trabajando en malas **condiciones** laborales. A veces, el trabajo era incluso peligroso. Hasta la década de 1930, muchos niños trabajaron en fábricas para ganar dinero y ayudar a sus familias. Estos niños no iban a la escuela ni tenían mucho tiempo para divertirse.

SI QUIERES SABER MÁS

A principios del siglo XX, muchos trabajadores de fábricas se unieron para formar sindicatos. Los sindicatos son grupos que trabajan con los jefes de las fábricas para conseguir mejores salarios, horarios y condiciones de trabajo para los trabajadores.

LO MEJOR DE LA REVOLUCIÓN

La Revolución Industrial cambió la vida de los estadounidenses. Algunos cambios fueron negativos, como las malas condiciones de vida en las ciudades. Otros fueron positivos, como la forma de viajar, la cual mejoró muchísimo durante este tiempo. Las líneas de ferrocarril atravesaban el país, facilitando el transporte de personas y productos.

SI QUIERES SABER MÁS

Los productos de fabricación masiva, o producidos en grandes cantidades, comenzaron a reemplazar a los productos caseros en los hogares. Los barcos de vapor en los ríos y los nuevos ferrocarriles fueron necesarios para transportar esos nuevos productos.

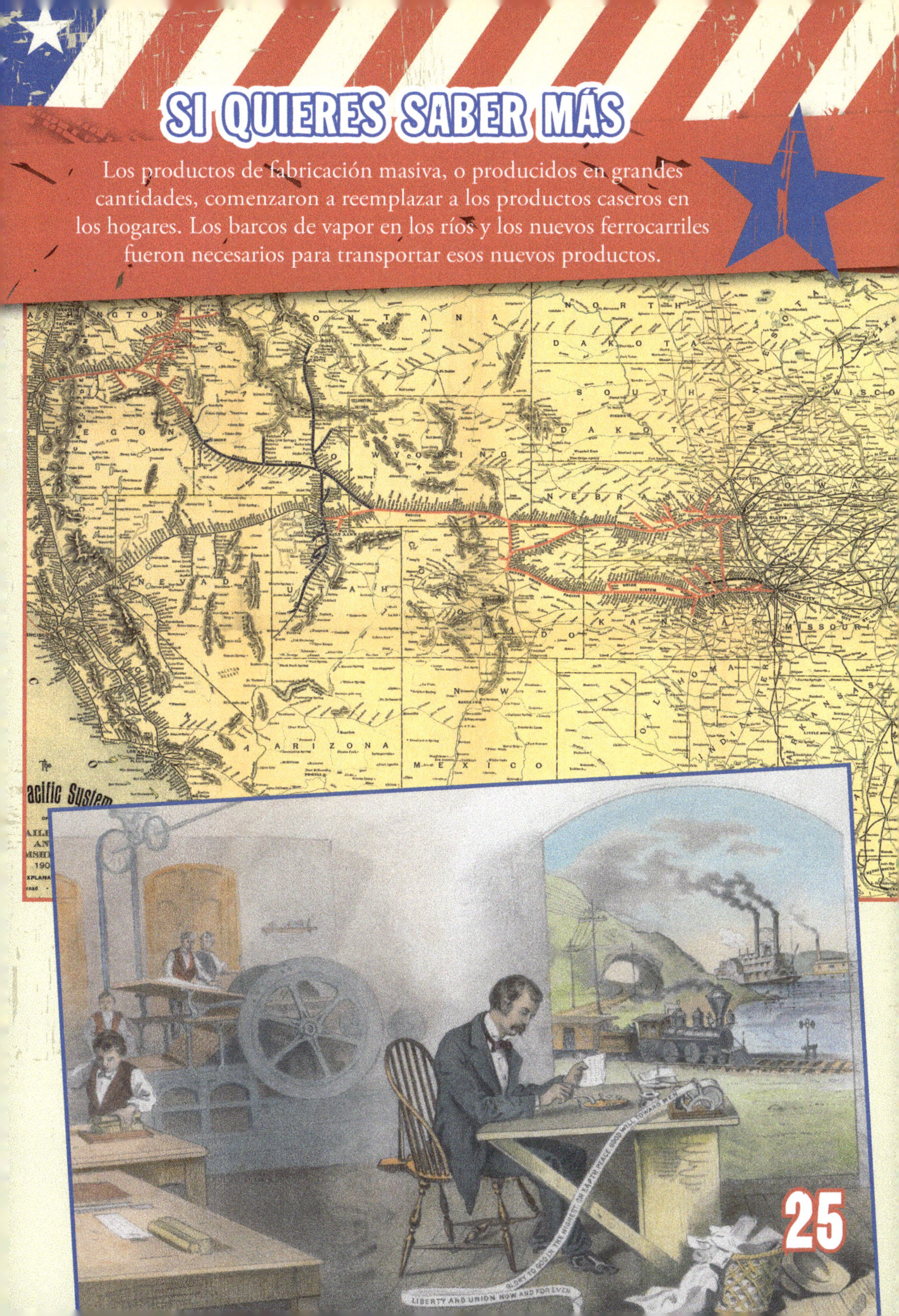

La **comunicación** mejoró más que nunca durante la Revolución Industrial. El primer mensaje telegráfico se envió en 1844. Alexander Graham Bell patentó el teléfono en 1876. En 1915, ¡ya era posible hacer una llamada al otro lado del país!

SI QUIERES SABER MÁS

Al llegar el año 1925 y gracias al trabajo de Thomas Edison y otros, la electricidad se convirtió en parte de la vida diaria de los estadounidenses. Aproximadamente la mitad de la población tenía electricidad en casa.

Alexander Graham Bell

Thomas Edison

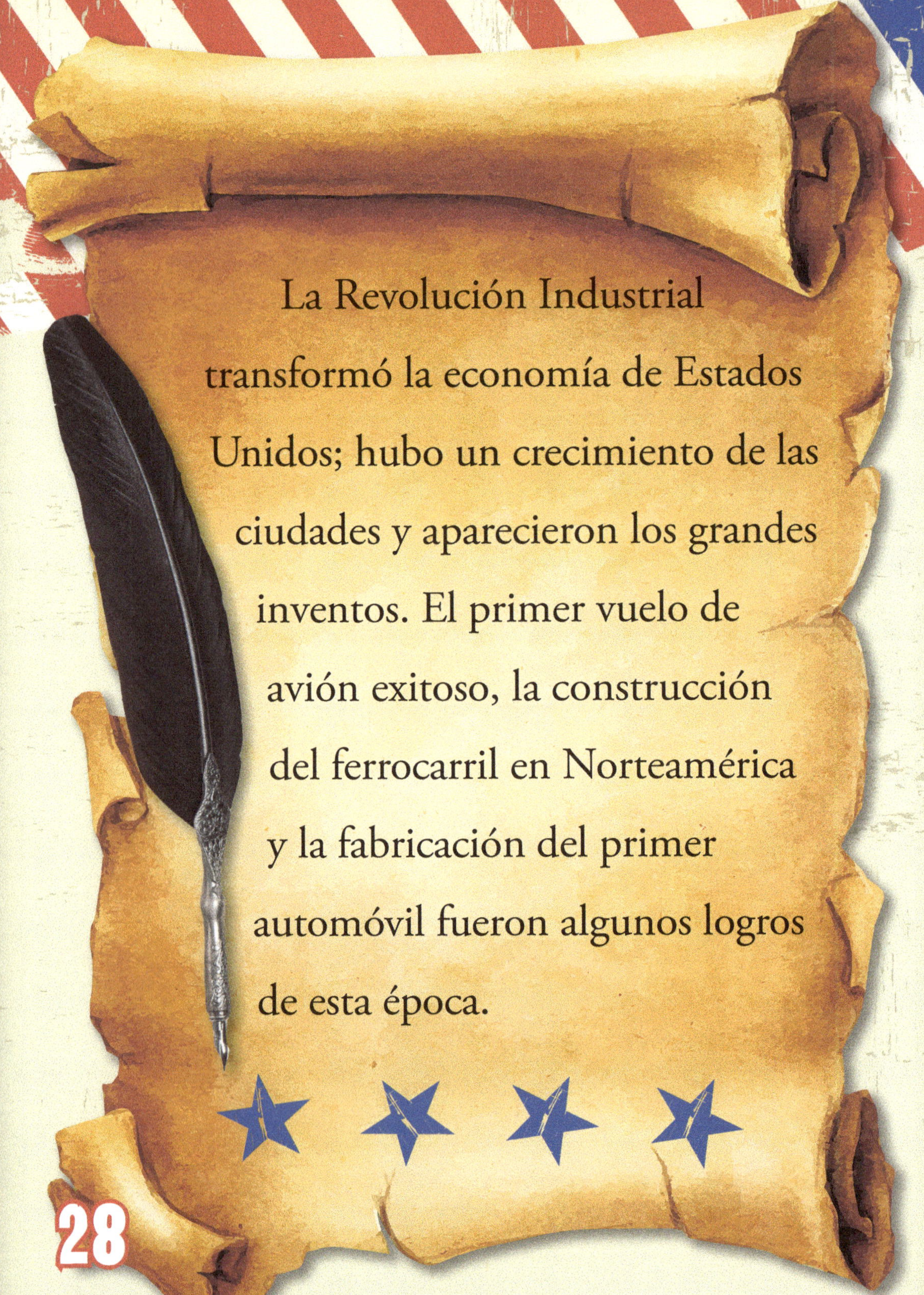

La Revolución Industrial transformó la economía de Estados Unidos; hubo un crecimiento de las ciudades y aparecieron los grandes inventos. El primer vuelo de avión exitoso, la construcción del ferrocarril en Norteamérica y la fabricación del primer automóvil fueron algunos logros de esta época.

SI QUIERES SABER MÁS

Otro invento importante en este período de la Revolución Industrial fue la máquina de coser. Ahorró tiempo e hizo posible la fabricación masiva de ropa.

LÍNEA DEL TIEMPO DE LA REVOLUCIÓN INDUSTRIAL

1712
Se inventa la primera máquina de vapor moderna.

Década de 1760
James Watt mejora la máquina de vapor.

1770
Se patenta la hiladora Jenny.

1790
Abre la primera fábrica en Estados Unidos.

1793
Eli Whitney inventa la desmotadora de algodón.

Década de 1830
La maquinaria agrícola comienza a reemplazar a los trabajadores.

1844
Se envía el primer mensaje telegráfico.

1861-1865
Tiene lugar la guerra de Secesión.

1866
Esclavos liberados e inmigrantes comienzan a llegar a las ciudades estadounidenses.

1869
Se termina de construir el ferrocarril transcontinental, el cual atraviesa el país.

1876
Se patenta el teléfono.

GLOSARIO

aparcero: granjero que trabaja una tierra que no es suya, quedándose con una parte de lo que cultiva.

bobina: hilo enrollado alrededor de un carrete o tubo.

comunicación: hecho de usar palabras para dar y recibir información.

condición: estado de algo.

economía: dinero que se gana en un lugar y forma en la que se gana.

eficiente: hecho de lograr lo que se desea con la menor cantidad de recursos posible.

guerra de Secesión: guerra que tuvo lugar entre 1861 y 1865 en Estados Unidos entre la Unión (estados norteños) y la Confederación (estados sureños).

inmigrante: alguien que llega a otro país para asentarse allí.

mejorar: modernizar, hacer mejor.

patentar: conseguir un permiso del Gobierno para tener los derechos de un diseño, máquina o proceso durante un período de tiempo.

recurso natural: algo en la naturaleza que puede ser usado por las personas.

repetitivo: cuyas acciones ocurren una y otra vez, de manera aburrida.

textil: tela tejida o de punto.

urbano: que tiene que ver con la ciudad.

PARA MÁS INFORMACIÓN

Libros

Hubbard, Ben. *Stories of Women During the Industrial Revolution: Changing Roles, Changing Lives*. Chicago, IL: Heinemann-Raintree, 2015.

Wolfe, James. *The Industrial Revolution: Steam and Steel*. Nueva York, NY: Britannica Educational Publishing, 2016.

Sitios de Internet

Important Inventions of the Industrial Revolution
www.brighthubeducation.com/history-homework-help/91805-important-inventions-of-the-industrial-revolution/
Lee acerca de las cosas asombrosas que se crearon en este tiempo.

Nota del editor para educadores y padres: nuestro personal especializado ha revisado cuidadosamente estos sitios web para asegurarse de que son apropiados para los estudiantes. Muchos sitios web cambian con frecuencia, por lo que no podemos garantizar que posteriores contenidos que se suban a esas páginas cumplan con nuestros estándares de calidad y valor educativo. Tengan presente que se debe supervisar cuidadosamente a los estudiantes siempre que tengan acceso al Internet.